AF279272

María Antonia García Domínguez

APULEYO EDICIONES   FOMENTO DE VALORES   CUENTOS ILUSTRADOS

Violeta

la cabrita voladora

APULEYO EDICIONES   FOMENTO DE VALORES   CUENTOS ILUSTRADOS

Antes de empezar esta historia, tenéis que saber que fue real. Es la historia de Violeta, una cabrita de color marrón que, desde muy lejos y sobre ruedas, llegó al que sería su nuevo hogar en el Santuario Vegan; sí, porque Violeta viajaba en una furgoneta de colores llamada Hope y conducida por Eric, un buen chico con los pelos de punta que tenía cara de pillo, pero que era un gran explorador y al que le habían encomendado una importante misión: rescatar a dos cabritas que se habían perdido y que estaban solitas en mitad del campo.

Cuando la brújula de Eric indicó el sitio adecuado, no encontró a las dos cabritas, ¡¿sabéis qué sorpresa se llevó?! ¡Que en lugar de dos, eran tres! ¡Había una cabrita más, y más pequeñita que las otras!

Eric, que, como os he dicho anteriormente era un buen chico, la cogió y también la salvó, porque no tenía a nadie que la cuidara y necesitaba urgentemente quien le diera mucho cariño, amor y su biberón.

Cuando Violeta llegó a su nueva casa, en un lugar maravilloso donde hizo muchos y muy buenos amigos, como la perrita Txana, el gatito Momo, Edu, Laura, el chivito Fermín y muchos más, ninguno se imaginó que era una cabrita muy especial. Era una cabrita con superpoderes. ¡Sí, sí, con superpoderes!

Un día, de manera inesperada, de su espalda empezó a aparecer una capa mágica en forma de alas con las que podía volar y llegar a la copa de los árboles para coger los brotes de hojas más buenos y tiernos, porque Violeta, debido a su enfermedad, no podía caminar con sus patitas.

Sus nuevas alas de un color verde muy bonito, brillaban tanto que Violeta parecía un hada del bosque, de esas que revolotean y se van posando en las flores, y que, caprichosas, las huelen, las acarician, se las ponen en el pelo y se regocijan con su belleza.

Y un día, Violeta, en su recorrido entre los árboles, voló tan alto que, sin darse cuenta, llegó al cielo donde sus doradas alas se convirtieron en polvo de estrellas. Además, vio a todo tipo de criaturas, unos seres increíbles, también con unas alas hermosas todos ellos.

Era un mundo tan mágico y bonito, y estaba tan feliz con sus nuevos amigos, los seres fantásticos voladores que habían llegado antes que ella, que no quería dejarlos solos. Así que decidió quedarse a vivir con ellos para poder jugar eternamente y ser inmensamente feliz.

Y así fue como Violeta, que era así de especial, decidió quedarse a vivir en las estrellas, y desde allí saludar cada noche a todas las niñas y los niños del mundo para desearles dulces sueños.

Desde entonces convirtió en realidad su gran sueño: iluminar con su luz y su amor a todas las criaturas.

Ese ha sido su legado; esa ha sido su misión; ese ha sido su gran superpoder.

¡Ah, se me olvidaba! Tenéis que saber que la estrella donde vive Violeta es la más pequeñita del universo, pero la más brillante y bonita de todas. Así que si alguna noche de cielo estrellado miráis al cielo, podréis verla brillar y titilar junto a muchas otras, iluminando con su luz el mundo.

En memoria de
Violeta

María Antonia García Domínguez

APULEYO EDICIONES   FOMENTO DE VALORES   CUENTOS ILUSTRADOS

Violeta
la cabrita voladora

APULEYO EDICIONES   FOMENTO DE VALORES   CUENTOS ILUSTRADOS